DU CHEF DE L'ÉTAT

ET

DE L'HÉREDITE DU POUVOIR.

DU CHEF DE L'ÉTAT

ET

DE L'HÉRÉDITÉ DU POUVOIR.

DÉDIÉ A LA PATRIE.

GERMINAL. — AVRIL 1804.

Je n'offre les réflexions suivantes que comme une esquisse promptement ébauchée. J'ai voulu faire passer dans l'ame de tous les hommes qui ont, je ne dis pas même servi, mais concouru à la révolution, l'intime conviction dont je suis pénétré ; c'est que l'expérience des peuples, la nôtre, le génie de la nation française, ses mœurs, et, par-dessus tout, ses habitudes et ses goûts, nous reportaient rapidement vers le but outre-passé depuis 1789. J'avoue avec franchise que j'ai moi-même adopté avec enthousiasme toutes les idées favorables à l'indépendance ; je les ai adoptées avec exaltation, mais avec la loyauté d'un ami sincère de la patrie. Comme je n'aurais jamais pu consentir à devenir le complice des crimes où elles entraînèrent, je dus être une des premières victimes de leur abus. L'expérience de nos malheurs n'a pas tardé à me démontrer la vanité de ces séduisantes théories ; mais, en abandonnant des systêmes fondés sur une perfectibilité idéale, je ne me suis jamais séparé des hommes énergi-

ques qui, comme moi, ont cru
à la possibilité de les établir ;
après avoir tout sacrifié à la
noble cause qu'ils ont défen-
due on ne peut les soupçonner
d'un vil intérêt. La liberté, le
bonheur de leur patrie furent le
plus cher de leurs vœux ; leur
unique crainte est de les voir
compromis ; et cette différence
est remarquable entre les parti-
sans des Bourbons et les Répu-
blicains les moins mesurés, que
les premiers flattent et conspi-
rent, quand les seconds fron-
dent et se résignent. Au reste,
si quelques-uns d'entre ces der-

niers me refusent la justice que méritent mes intentions, je n'accuserai que l'inflexibilité intempestive de leurs principes, et je ferai des vœux constans pour que ces ames généreuses, mieux éclairées sur les vrais intérêts de la patrie, abandonnent des abstractions désormais impossibles à reproduire, et s'attachent à un systême capable de conserver aujourd'hui par la force et la sagesse d'un seul, ce qui fut alors conquis par le courage de tous.

DU CHEF DE L'ÉTAT

ET

DE L'HÉRÉDITÉ DU POUVOIR.

Le besoin d'échapper à la destruction que nous prépare l'étranger, le besoin non moins pressant de soustraire les trois quarts de la population française aux vengeances des Bourbons, ne s'est jamais fait sentir avec plus d'empire que depuis les derniers évènemens.

Depuis que *tout ce qui est factieux se cache, tout ce qui est Français se montre* (*) avec confiance. L'intérêt du Gouvernement est celui de la France, j'ajouterais, avec autant de vérité, celui de l'Europe.

Une longue et terrible expérience a cruellement démontré que, jusqu'au 18 brumaire an 8, la France avait été sans garantie.

Depuis le 18 brumaire elle n'a eu de garantie que dans les jours d'un homme. Plus cet homme est grand, plus la garantie est incertaine, plus l'état est menacé.

Trois conspirations ont été ourdies

(*) Discours de Lucien Bonaparte, alors ministre de l'intérieur, prononcé dans l'église des Invalides le premier vendémiaire an 9.

contre lui. Toutes trois avaient pour but la mort de *BONAPARTE*, et le renversement du Gouvernement.

Dans quelque hypothèse que l'on raisonne, il n'est pas un homme de bonne foi qui ne convienne qu'en dernier résultat, chacune de ces conspirations n'eût amené à une époque prochaine, sinon immédiate, le rétablissement des Bourbons, et par lui l'influence et le règne de l'étranger, dont ils n'ont cessé d'être et les stipendiaires et les victimes.

Cette vérité généralement reconnue et admise, le besoin d'une garantie plus forte étant devenu le besoin de tous, quelles objections pourrait - on élever contre l'établissement de cette garantie ?

Un mûr examen, une discussion raisonnée, exempte de passions comme d'enthousiasme, voilà ce que l'intérêt de l'État , celui du Gouvernement réclament avec une égale force.

Quel était le but de la révolution ? Une condition meilleure pour tous ceux sur lesquels pesait une cour corrompue et dilapidatrice ; l'abaissement d'un clergé qui ne pratiquait plus la morale et les vertus de l'Evangile ; l'anéantissement d'un ordre orgueilleux , qui ne voyait l'Etat que dans ses privilèges , et qui accablait la nation du poids de ses prérogatives.

Ce but est rempli.

Le chef de l'Etat n'est entouré que des hommes dont le sang a coulé pour soutenir les droits et l'indépendance du peuple Français, ou dont les utiles travaux ont fortement coopéré à leur affermissement.

Un Clergé régulier et tolérant remplace un ordre superstitieux, affamé de richesses et de pouvoirs.

Les dignités de l'Etat sont les récompenses du mérite connu, ou des services modestes et cachés de ceux qui les obtiennent. Elles expirent avec ceux qui en furent revêtus, et ne sont pour leurs descendans qu'une obligation de plus à s'en rendre dignes.

Mais si l'hérédité des récompenses est un abus, parce qu'elle est contraire aux plus simples élémens de la raison; si les charges héréditairement vénales sont dangereuses, parce qu'elles sont presque toujours le patrimoine de l'ignorance, il serait absurde d'en conclure que l'hérédité ne dût pas être consacrée dans la famille du chef de l'Etat.

Les fonctions de ce chef, loin d'être une récompense, sont un fardeau aussi pénible que dangereux.

Leur hérédité a été voulue par la presque totalité des peuples de la terre, pour prévenir les bouleversemens, suites nécessaires des élections ; et à cet égard une expérience de quarante siècles doit être de quelque poids.

Il est sans exemple qu'un vaste état se soit maintenu long-tems électif sans de vives et fréquentes commotions.

L'hérédité dérive de la nature des choses : le système électif n'est qu'une abstraction idéale, dont la plupart des peuples ont voulu essayer, et qu'une prompte expérience a fait abandonner.

A des époques toujours fatales on a

invoqué, pendant le cours de cette révolution, ce grand principe : *le salut du peuple est la loi supréme.*

Et ici j'en appelle à tous les hommes dont les dangers publics ont exalté le zèle, qui, placés plus près du foyer des évènemens et des conspirations, ont dû mieux réfléchir sur les causes qui les ont amenés : tous, pénétrés des malheurs qui menacent la patrie, s'écrieront à l'envi : « *Puisse-t-il consolider l'auguste édifice qu'il a élevé! puisse-t-il, par des institutions aussi durables que le souvenir de sa gloire, transmettre à nos neveux l'indépendance et le bonheur dont nous leur avons ouvert la carrière! Notre énergie s'exalta en proportion de nos dangers; plus calmes aujourd'hui, mais non moins Français,*

*nous défendrons le héros qui nous dé-
fend.*

Tel est, qu'on n'en doute pas, le langage de tant d'hommes ardens, mais
généreux, si lâchement calomniés, et
pour lesquels une longue et terrible expérience n'a pas été sans leçons.

La nécessité a fait successivement abandonner des opinions nées de l'enthousiasme. L'essai qui en a été fait a démontré la fausseté de leurs théories.

Elles sont trop présentes à nos souve-
nirs pour qu'il soit nécessaire de les
rappeler.

Le besoin toujours plus pressant d'un
état calme et tranquille, a rendu nationale
la journée du 18 brumaire aussitôt que
ses bienfaits ont été connus.

Dès ce moment la conspiration de l'étranger s'est ranimée; car dès ce moment il a été démontré que la France ne pouvait plus périr par elle-même.

Une seule puissance, jalouse et rivale, a refusé d'entendre le cri de paix. L'Europe entière l'a reçue et donnée avec une égale reconnaissance.

La concentration de l'autorité, plus encore que la victoire, a produit cet effet miraculeux.

Il ne s'agit plus que de perfectionner ce qui a été si heureusement commencé.

La volonté du Peuple français a délégué le pouvoir suprême à *Bonaparte* pendant la durée de sa vie.

Cet acte a consolidé la concentration du pouvoir.

La même volonté a donné à *BONA-PARTE* le droit de choisir son successeur.

L'hérédité est implicitement reconnue par-là, puisque, par le fait, il peut, ainsi que ses successeurs, ne le choisir que dans sa famille.

Cette délégation n'est cependant pas assez solemnelle, assez précise pour étouffer les craintes des uns , et les séditieuses espérances des autres : elle n'est pas assez empreinte de la sanction nationale qu'il appartient au Sénat de lui donner; elle ne fixe pas assez l'opinion sur l'individu qui est destiné à gouverner, et qui depuis long-tems doit être environné de confiance et d'honneurs.

Des personnes dont j'estime les opinions, et dont l'attachement au Gouvernement ne saurait être suspect, craignent que fixer l'hérédité ne soit redoubler les efforts de l'ennemi, et lui indiquer où ses coups doivent porter.

Je ne partage pas cette crainte. N'est-ce pas plutôt lui annoncer l'inutilité de ses crimes par la nécessité de les multiplier?

L'opinion publique paraît, au reste, tellement prononcée à cet égard, que je crains seulement d'avoir donné des développemens superflus à une pensée aussi simple pour tous les bons esprits.

Une dernière difficulté semble se présenter à quelques personnes : quoique je puisse à peine la concevoir, essayons d'y répondre.

On ne paraît pas être d'accord sur le titre qui sera conféré à *BONAPARTE*.

Si je ne m'étais fait une loi de bannir

toute réflexion, tout sentiment d'enthousiasme, je pourrais dire que le plus grand
nom peut seul convenir au plus grand
homme.

Mais je discute, et je demande sous quel
nom on présume que le Gouvernement de
Bonaparte sera un jour définitivement
constitué. Si l'on indique ce nom, pour-
quoi dès ce jour ne lui serait-il pas conféré ?

On m'opposera des *principes* vagues :
je répondrai par des *intérêts* positifs.
Les principes sont de leur nature abstraits
et relatifs ; ils varient avec les lieux et les
tems. C'est en leur nom qu'on a détruit
nos colonies, c'est en leur nom qu'on dé-
truirait la France si une main puissante
n'opposait une digue à ce torrent.

De tous les principes que j'ai entendu

citer depuis douze ans, je n'en connais pas un qui n'ait été violé, et toujours au nom d'un autre principe.

Ici, au contraire, les intérêts les plus chers, les plus importans, balancent toutes les considérations et l'emportent sur elles. Placée au centre de l'Europe, la France doit parler la même langue politique, et lui offrir, dans la stabilité des principes de son Gouvernement, une haute garantie. En un mot, l'hérédité adoptée, il faut qu'il y ait concordance entre le langage et les institutions.

Si j'ai prouvé que les principes étaient satisfaits, puisque le but originaire de la révolution était atteint, et que (pour me servir d'une expression émanée de l'autorité même) *la révolution était fixée aux principes qui l'avaient commencée :*

Si , rappelant ensuite notre propre expérience , fondée sur celle de tous les peuples qui nous ont précédés, j'ai prouvé que les intérêts de l'immense majorité du peuple Français exigeaient que l'hérédité (seulement indiquée par son vœu, restreint alors dans d'étroites limites) devînt loi fondamentale de l'état :

Si j'ai démontré qu'il ne restait à l'Europe que cette garantie contre de continuelles innovations dans nos systêmes politiques, et à la France contre le retour des factions qui l'ont si long-tems déchirée, quel citoyen, quel ami de la patrie refuserait encore le sacrifice de quelques théories, dont tout a démontré la vanité, pour obtenir enfin et réunir à jamais les grands résultats de la révolution à un Gouvernement fort au-dedans, redoutable au - dehors, juste partout,

premier résultat lui-même de cette révolution , et seul capable, par le chef qui
le dirige , par les deux Magistrats distin-
gués qui le secondent , de concilier tout ce
qui peut être conservé des principes avec
les vrais intérêts du *GRAND PEUPLE.*

Je me résume : *BONAPARTE* a été nom-
mé, par un Gouvernement légitime , gé-
néral en chef d'une des armées françaises.

Il a créé cette armée avant de triom-
pher avec elle :

L'histoire en racontera les prodiges :

La Victoire et la France ont sanctionné
ce choix :

Il n'est pas une ville , pas un hameau
dans lequel son retour d'Egypte n'ait ra-
mené le repos et l'espoir.

Le 18 brumaire a fait luire de nouvelles destinées. Le Gouvernement a rempli au-delà de ses promesses : la France ne fut jamais ni plus redoutable ni plus tranquille.

Un cri universel a élevé *BONAPARTE* au Consulat.

Un vœu plus réfléchi le lui a conféré pour la vie.

Le même vœu l'a autorisé à désigner son successeur.

Le chef d'une famille en qui la puissance est déclarée héréditaire;

Le chef des conseils et des armées, en un mot, le chef de l'Empire est *EMPEREUR.*

L. J......

www.ingramcontent.com/pod-product-compliance
Lightning Source LLC
LaVergne TN
LVHW011919180726
843503LV00012B/4151